LETTRE

D'UN CONSCRIT,

A UN DE SES AMIS.

Ulm, le 27 Vendemiaire an 14.

Tu me plaignais, mon ami, quand, presque au sortir du Lycée, tu m'as vu atteindre l'âge de la Conscription, et plus encore quand le sort m'a désigné pour partir. Je te disais, moi, que ce n'était pas un si grand malheur, et j'avais bien raison.

L'état que j'ai pris par devoir, je le garde par goût; la carrière qu'il ouvre devant moi est immense, et je veux la parcourir toute entière. Tous nos généraux ont été soldats; quelques soldats ne pourront-ils pas devenir généraux? Et avant que d'arriver au grade, où l'on ne doit enfin s'élever qu'à son tour, n'est-ce pas un grand avantage que d'entrer avec ses supérieurs, en partage des distinctions que l'Empereur accorde à tout guerrier qui s'illustre? que de voir dans nos rangs des grenadiers décorés de l'aigle, que ne portent pas tous nos officiers. Mais serai je jamais assez heureux pour l'obtenir?

Il est bien difficile de se faire remarquer au milieu de cette foule de braves. Je combattais à Wirtingen, auprès du colonel Maupetit, qui, après avoir vécu comme Desaix, est mort comme lui au sein de la victoire. Je l'ai bien vengé; mais enfin je n'ai pas fait plus qu'un autre. Ce sont ceux qui n'auraient qu'une bravoure ordinaire que l'on remarquerait dans nos rangs, à la tête desquels les officiers donnent l'exemple.

Nous nous battons plus souvent ici qu'à Boulogne, où les Anglais n'avaient pas souvent la fantaisie de venir à notre rencontre. Ce n'est pas que les Autrichiens n'aient été presque toujours de la même humeur; mais encore ne sommes-nous pas séparés d'eux par un fossé aussi profond que celui qui est entre Calais et Douvre. Les bataillons les escadrons même se rejoignent plus facilement que des flottes ; nous ne dépendons plus du vent, et les ennemis ne sont pas meilleurs marcheurs que nous.

En trente-cinq jours, nous avons traversé la France et la moitié de l'Allemagne ; des bords de l'Océan, nous sommes venus sans nous reposer, au bord du Danube, où nous ne nous reposons guères. C'est une belle rivière qui deviendra aussi célèbre que le Rhin, où César et Louis XIV ont fait des choses moins surprenantes que celles qui se passent ici depuis douze jours.

Tu dois connaître, par les rapports officiels, ce qui s'est passé à Wertengen, à Guntsbourg, à Memingen, à Ulm, dans les lieux où l'on a voulu nous résister, comme dans ceux où l'on n'a pas osé nous combattre. Il est donc inutile d'entrer avec toi dans des détails : je me bornerai à te dire que de cent mille Autrichiens qui se trouvaient, il y a douze jours, en Bavière, quatre-vingts milles sont prisonniers, et que le reste est tué ou fuit.

Conçois-tu que douze jours de victoires ne nous coûtent pas plus de quinze cents hommes, parmi lesquels il faut compter mille blessés, qui ne sont pas tous perdus pour nos drapeaux, et qui n'ont point manqué de secours, grâce à la prévoyance avec laquelle les Autrichiens nous ont approvisionnés de charpie.

Si surprenans que soient nos succès, ne les attribuons pas au défaut de courage ou de capacité dans nos ennemis ; les Allemands sont gens de cœur et gens de tête, ils l'ont prouvé dans toutes les guerres précédentes, où les succès et la gloire ont été partagés. Si ces mêmes hommes, qui n'avaient pas lutté sans honneur, cèdent aujourd'hui presque sans résistance, n'en concluons pas qu'ils soient dégénérés d'eux-mêmes ; reconnaissons plutôt que nous sommes devenus supérieurs à ce que nous étions ; reconnaissons dans l'incertitude et le découragement de nos ennemis, l'ascendant du génie de notre Chef, qui, pénétrant dans tous leurs projets, sait leur déguiser les siens, les attaque par le point où ils sont faibles, parce qu'ils s'y croient inexpugnables, et n'a rien réalisé jusqu'à ce jour, qui, l'instant d'avant, ne fût encore estimé impossible.

L'histoire des hommes n'offre rien qui puisse être comparé à cet homme d'une nature particulière. Quelle audace dans la conception ; dans l'action, quelle célérité! l'homme qui n'aurait que son génie, ne trouverait pas dans un autre les forces nécessaires à l'exécution de ses plans; l'homme qui n'aurait que ses facultés actives, attendrait en vain d'une tête humaine des conceptions assez vastes pour en employer toute l'énergie ; et tous deux, quoiqu'inutiles, paraîtraient à leurs contemporains des hommes gigantesques. Qu'est-il donc cet homme en qui ces deux hommes se trouvent réunis ? Cet homme, dont le génie seul a pu concevoir ce qu'il exécute, dont l'activité seule peut exécuter ce qu'il a conçu ?

Le trône où la voix publique l'a porté, était la place que la nature lui avait assignée, et le peuple, en le proclamant son Souverain, a-t-il fait autre chose que se mettre sous la protection d'un Prince invincible, et toujours sûr de vaincre ?

L'Empereur est l'ame et le courage de l'armée. Le tems est-il épouvantable ? sommes-nous harrassés par la marche? affaiblis par le besoin? l'Empereur paraît: le ciel devient serein, la fatigue se dissipe, le besoin ne se fait plus sentir. Et quel soldat se plaindrait, quand il voit son Empereur marchant, se nourrissant, se couchant comme la troupe? On lui amène des voitures, il veut rester à cheval dans nos rangs; on lui prépare des palais, il dort au milieu de nous dans une grange. Où veut-il qu'on aille? avec lui nous irons par-tout! et, en vérité, c'est sans risque. Il a poussé les calculs au point que les trois quarts du tems il n'a pas besoin de notre courage; il se sert plus de nos jambes que de nos bras, et a moins l'air de faire la guerre que de jouer une partie d'échecs sur le terrain. J'en aurais presque de l'humeur, si j'éprouvais moins d'admiration.

Les guerres fameuses, jusqu'à nos jours, n'avaient été que d'illustres massacres. Il n'appartenait qu'à Napoléon d'obtenir par le génie seul la victoire, qui, avant lui, n'avait appartenue qu'à la force; de défaire les armées sans verser de sang, et de concilier l'art de la guerreavec tous les intérêts de l'humanité.

En vérité, la langue vulgaire est insuffisante pour tracer un pareil portrait; la langue des Dieux seule y conviendrait. Je ne suis pas sorti de rhétorique depuis si longtems, que j'aie tout-à-fait oublié le métier des vers. A Boulogne j'en faisais, et j'en avais le tems. Cent fois, j'ai été tenté par un si beau sujet; mais quel taient n'exigerait-il pas? D'ailleurs, l'activité de l'Empereur nous laisse-t-elle le loisir de rimer, même un in-promptu?

En promettant de faire son devoir, l'Empereur promettait à la France plus que ne peuvent les forces de l'homme; il a tenu parole, il a fait plus que nous n'attendions de lui, tout ce qu'il attendait de lui-même. Conviens aussi, mon ami, qu'il n'a pas eu tort de répondre pour l'armée.

Il n'a pas eu tort non plus de compter sur les Français de l'intérieur. La tranquillité qui naît de la confiance, le dévouement qui naît de l'enthousiasme, sont des devoirs peu difficiles à remplir sous son Gouvernement. Il n'a pas pu voir, sans une vive satisfaction, l'accord qui règne entre tous les esprits, ainsi que les mêmes leçons et les mêmes vœux, exprimés dans le même moment, sous des formes différentes, par les Orateurs, les Évêques, les Administrateurs, les Préfets et les Ministres.

Nous n'ignorons pas que les Gardes nationales se forment, ainsi que la Garde d'honneur; que les Conscrits se présentent de tous côtés. Tant d'empressement ne nous surprend pas; se joindre à l'armée, c'est s'associer à des triomphes, entrer en partage de gloire. Mais qu'on se presse, tandis qu'il y a encore des Russes. Il n'y a pas un moment à perdre pour les braves. Du train dont vont les choses, les plus alertes pourraient bien arriver trop tard.

Au reste, ils rejoindront encore à tems pour faire le voyage d'Angleterre, car nous y reviendrons. Nous avons des comptes à régler avec Messieurs de la Tamise. Les dépenses qu'ils occasionnent à notre Gouvernement depuis trois ans, nous donnent droit à quelque indemnité. Il est juste enfin qu'ils contribuent à l'amélioration de nos finances qu'ils ont eu la prétention de détériorer; et, dans ce cas-ci, l'intention peut être réputée pour le fait. C'est déjà quelque chose que les guinées qui nous attendent en Autriche. Les Autrichiens, gens économes, n'ont point touché au subside dont on a payé le sang allemand. En Bavière, ils n'ont dépensé que des hommes et des cartes; mais si considérable que soit le trésor économisé, et il doit être immense s'il est proportionné aux fautes qu'il paie, il ne suffit pas au dédommagement que la France victorieuse a droit de prétendre. C'est de l'autre côté des mers que ce dédommagement doit être réglé. La guerre que l'Angleterre a suscitée sur le continent pour assurer le repos de son île, n'est pas interminable. La descente redeviendra facile, et l'on s'en occupera sans distraction. Nous reculons pour mieux sauter; et l'Empereur, pour qui tout chemin mène à Rome, n'aura fait seulement que passer par Vienne, en conduisant à Londres l'armée de Marengo.

Sous peu de mois, je ne serais pas étonné que la paix universelle fût annoncée à Paris, avec le canon de la tour de Londres prisonnier de guerre.

A propos de canon, la ville de Paris doit

être assez fière, du cadeau que lui a fait l'Alexandre moderne. Il lui envoie les prémices de la victoire. Philippe ne fesait pas plus pour Athènes, que Napoléon pour Paris. O Athéniens ! ne désespérez pas de posséder bientôt dans vos murs le premier et le dernier trophée de la guerre.

Qu'entends-je? on bat le rappel ; il est question d'une revue générale, qui doit être passée par l'Empereur lui-même : je suis forcé de finir ici ma lettre. Adieu.

Post-Scriptum. La revue a eu lieu. Je suis ivre de joie. Par où commencer tout ce qui me reste à te dire? Sous ses habits, qu'il n'a pas quittés depuis neuf jours, l'Empereur était radieux de gloire ; il l'était aussi de satisfaction. C'était pour la féliciter, qu'il avait fait rassembler l'armée, pour qui sa présence est déjà une récompense. C'est par lui que nous sommes vainqueurs, et il nous remercie d'avoir vaincu.

Avec quel discernement il a distribué les éloges à tous les corps qui ont combattus dans les dernières actions, et des récompenses aux braves qui s'étaient distingués entre les braves. Les simples soldats n'ont pas été oubliés dans la répartition des grâces. Je me réjouissais de ce que l'aigle venait d'être donnée à mon capitaine, lorsque je me suis entendu nommer moi-même. Moi de la Légion d'honneur à 22 ans ! moi porter la même décoration que le plus grand homme du siècle ! Mon ami, je te le disais bien, quand le sort m'a désigné pour partir, je n'étais pas si malheureux !

Adieu encore une fois. Sache si la pièce que j'ai envoyée au concours de l'Institut est arrivée. Elle porte cette épigraphe : *Tenacem propositi virum*. Réponds-moi à Vienne, nous y serons avant ta lettre.

Bien des choses à mes amis du Lycée impérial, et sur-tout à Fortuné B.,..; mes complimens à M. Champagne.

AUGUSTE C***.

[illegible]

www.ingramcontent.com/pod-product-compliance
Lightning Source LLC
LaVergne TN
LVHW010338230826
846091LV00009B/3931

* 9 7 8 2 0 1 3 0 9 1 3 0 5 *